NOTICE

SUR

L'HOTEL DE VILLE DE PARIS.

Paris. — Typographie VINCHON, rue J.-J. Rousseau, 8.

NOTICE

SUR

L'HOTEL DE VILLE DE PARIS,

Par A. F.

A PARIS,

CHEZ TOUS LES LIBRAIRES.

—

1855.

NOTICE

SUR

L'HOTEL DE VILLE DE PARIS.

La place de Grève, qui servait de marché aux Parisiens depuis une époque très-reculée, fut cédée par le roi Louis VII aux bourgeois de la ville de Paris, dans la première moitié du xiie siècle, moyennant une somme de septante livres tournois. En 1357, le Prévost des mar—

chands, Etienne Marcel, et les eschevins firent l'acquisition, pour la commune, d'un bâtiment appelé la *Maison-aux-Piliers*, dont une vue nous a été conservée par un missel ayant appartenu à la famille de Jean Jouvenel des Ursins. Avant cette époque, la *Hanse parisienne*, compagnie de marchands par éau, qui a donné naissance au corps municipal de Paris, avait tenu ses séances dans un bâtiment qu'on appelait la *Maison-de-Marchandise*, située près de la place du Grand-Châtelet, puis dans le *Parloir-aux-Bourgeois*, entre l'enclos des Jacobins et la place Saint-Michel.

La Maison-aux-Piliers, qui était, dans son origine, la propriété d'un sieur Jehan le Flamant, fils de Renier, avait été confisquée en 1309 par le roi Philippe-le-Bel, pour cause de délit commis par ledit Jehan. Elle resta dans le domaine royal jusqu'en 1324, époque où Philippe de Valois la donna au Dauphin du Viennois,

Guigues, dont les successeurs la possé-
dèrent jusqu'à la mort de Humbert,
dernier de ces princes.

La Maison-aux-Piliers, qu'on appelait
aussi l'*Hôtel-au-Dauphin*, fit donc retour
au domaine royal en la personne du roi
Jean, héritier du Dauphiné, qui la donna
à son fils aîné Charles, et ce prince en
fit présent à son ami Jean d'Auxerre,
receveur des gabelles de la prévôté de
Paris. C'est de celui-ci que le Prévost
des marchands l'acquit pour la somme
de deux mille huit cent quatre-vingts
livres.

Ce devait être, pour l'époque, un
bâtiment d'une certaine importance. Il
avait, dit Sauval : « Deux pignons,
« deux cours, un poulailler, des cuisines
« hautes et basses, grandes et petites,
« des étuves ou bains, une chambre de
« parade, une autre appelée le Plai-
« doyer, une chapelle lambrissée, une
« salle couverte d'ardoises, longue de

« cinq toises et large de trois, avec plu-
« sieurs autres commodités. »

La Maison-aux-Piliers servit d'Hôtel
de Ville jusqu'à ce que, les progrès de
la population parisienne l'ayant rendu
insuffisant, il fut décidé, en 1529, par
les officiers municipaux, qu'on deman-
derait au roi des lettres patentes « pour
avoir le droit d'acquérir plusieurs maisons voisines, en les payant à leur juste
valeur. » François Ier, jaloux de tout ce
qui pouvait contribuer à l'agrandissement et à l'éclat de sa capitale,
s'empressa d'accorder l'autorisation de-
mandée et, le 15 juillet 1533, la première
pierre du monument que l'on voit aujour-
d'hui fut posée en présence du Prévost
des marchands maître Pierre Viole, sieur
d'Athis, conseiller au parlement, des
échevins Gervais Larcher, Jacques Bour-
sier, Claude Daniel et Jean Barthélemy.

La cérémonie se fit en grande solen-
nité, dit l'historien Dubreul : « pendant

« que sonnoient les fifres, tambourins,
« trompettes et clerons ; artillerie, cin-
« quante hacquebuttes à crocq de la Ville
« avec les hacquebuttiers d'icelle Ville
« qui sont en grand nombre. Et aussi
« sonnoient à carillon les cloches de
« Saint-Jean-en-Grève, du Saint-Esprit
« et de Saint-Jacques-de-la-Boucherie.
« Aussi, au milieu de la Grève, il y avoit
« vin défoncé, tables dressées, pain et
« vin pour donner à boire à tous venans,
« et criant le menu peuple à haute voix :
« Vive le roy et messieurs de la Ville. »

Dominique Boccador, de Cortone, qui avait fait le dessin du nouvel Hôtel de Ville, fut chargé de la direction des travaux, à raison de deux cent cinquante livres de gages. Maître Thomas Choqueur, tailleur d'imaiges, et Charles, painctre, furent engagés, moyennant quatre livres tournois par pièce de sculpture ou de peinture.

Ralentis par les événements politiques

du règne de François Ier, les travaux ne furent achevés qu'en 1608, c'est-à-dire soixante-quinze ans après la pose de la première pierre.

L'Hôtel de Ville se composait alors d'un corps de bâtiment principal dont la porte, donnant sur la place de Grève, conduisait, par un large perron et un escalier de dix-neuf marches qui existe encore aujourd'hui, à la cour en forme de trapèze qui occupe le centre de l'édifice actuel. A ce bâtiment était adossé, du côté du nord, l'ancienne chapelle du Saint-Esprit et une partie de l'hospice du même nom. Du côté opposé, c'est-à-dire vers la Seine, un autre bâtiment était réuni au corps principal par l'ancienne arcade Saint-Jean, sous laquelle passait la rue du Martroy, longeant l'Hôtel de Ville et l'église Saint-Jean qui lui faisait suite à l'ouest. Des maisons particulières, traversées par l'étroite rue de la Mortellerie, séparaient tous ces bâtiments du quai et de la rivière.

Dès le milieu du siècle dernier, les bâtiments de l'Hôtel de Ville de Paris furent trouvés insuffisants pour les besoins de l'administration municipale. Divers projets furent mis en avant. On songea d'abord à l'emplacement de l'hôtel Conti, où fut bâti depuis l'hôtel des Monnaies. On eut aussi l'idée de placer la maison commune sur le terre-plein du pont Neuf, à l'endroit où se trouve aujourd'hui la statue de Henri IV ; on y trouvait une largeur plus grande que la façade de l'ancien Hôtel de Ville ; le prolongement du terrain en arrière, sur le sable vif et le tuf, était facile et n'exigeait point de pilotis. Ce projet fut abandonné, puis repris un moment sous l'Empire, lorsqu'il s'agit du percement d'une rue Impériale entre le Louvre et la barrière du Trône.

Après la Révolution, la création de l'octroi, des contributions indirectes, des poids et mesures, de la caisse de Poissy, obligèrent de louer plusieurs maisons voisines de l'ancien Hôtel de Ville. Il fallut bientôt loger ailleurs le Préfet, le secrétaire général, l'état-major de la garde nationale, la caisse municipale. En 1802, quand la préfecture de la Seine fut jointe à l'administration municipale, on dut songer à un agrandissement considérable. M. Frochot, qui fut le premier Préfet de la Seine, provoqua l'acquisition, par la Ville, de l'emplacement de l'ancienne église de Saint-Jean-en-Grève. Tous les services détachés rentrèrent alors à l'Hôtel de Ville, et la chapelle Saint-Jean fut appropriée aux grandes réunions et cérémonies. Pendant les Cent-Jours, la question de l'agrandissement de l'Hôtel de Ville et de son déplacement pour l'ouverture de la rue Impériale fut encore agitée.

On trouve aux archives de la Ville le programme d'un concours publié à ce sujet. L'Empereur voulait que l'Hôtel de Ville ne se trouvât point sur l'alignement, déjà tracé, de la grande rue Impériale, et qu'il pût recevoir, dans les grandes cérémonies, au moins six mille personnes. On proposa de construire un nouvel édifice au fond de la place de Grève agrandie et mise en communication avec Notre-Dame par un pont triomphal. M. le comte de Bondy était alors Préfet de la Seine.

Sous la Restauration, tous les projets relatifs à l'Hôtel de Ville furent suspendus. En 1832, M. de Bondy, redevenu Préfet, les fit étudier de nouveau. Enfin, les événements politiques de 1834 à 1835 engagèrent son successeur, M. le comte de Rambuteau, à presser auprès du conseil municipal l'exécution d'un agrandissement qui avait aussi pour objet d'isoler l'Hôtel de Ville et d'en faciliter la défense en cas d'émeutes populaires.

Une commission, composée de plusieurs membres du conseil municipal et d'hommes spéciaux, approuva les plans proposés par l'architecte de la Ville, M. Godde, et M. Lesueur fut appelé à l'honneur de partager avec lui cette grande tâche.

Les travaux commencèrent le 20 août 1837. En 1844, les bureaux étaient installés dans l'aile qui donnait sur la rue de la Tixéranderie, aujourd'hui rue de Rivoli, et le Préfet prenait possession de ses appartements à l'entresol de l'aile qui fait face au quai. L'ensemble des constructions était achevé en 1846.

Dans cette restauration de l'Hôtel de Ville, l'ancien corps principal et ses deux pavillons ont été conservés à peu près intacts. L'arcade Saint-Jean, qui donnait passage à la rue du Martroy, est devenue la porte d'entrée de la cour et des appartements privés du Préfet de la Seine. On n'a fait qu'ajouter deux autres corps de bâtiments à peu près de même style, et deux autres pavillons, de manière à doubler la longueur de l'édifice. L'ancienne façade avait soixante mètres de développement; le nouvel hôtel forme un rectangle dont les grands côtés ont cent vingt mètres et les petits quatre-vingt. Les pavillons extrêmes, sans s'éloigner beaucoup du caractère du reste de la façade, forment une transition assez naturelle du style du xvie siècle vers l'architecture plus classique des trois autres côtés, qui permet des ouvertures plus larges et plus appropriées aux besoins modernes.

Quatre-vingt-quatorze niches à frontons avaient été réservées dans les entre-colonnements pour recevoir les statues des grands hommes qui ont illustré la ville de Paris. Toutes celles de la façade principale, au nombre de quarante-six, sont déjà occupées par des personnages dont les noms sont inscrits en caractères très-visibles sur chaque piédestal.

Pavillon du nord. — En commençant par le troisième étage du pavillon situé au coin de la rue de Rivoli, on trouve :

MONTHYON, fondateur des prix célèbres qui portent son nom ; l'un de 10,000 fr., dit prix de vertu, l'autre de même somme, pour l'ouvrage le plus utile aux bonnes mœurs, sont décernés annuellement par l'Académie française ; mort à Paris en 1820. La statue est de M. Gayrard.

GASPARD MONGE, créateur de la géométrie descriptive et l'un des fondateurs de l'École polytechnique, né à Beaune, mort en 1818. Sculpteur, M. Gruyère.

GROS, peintre d'histoire, membre de l'Institut, né en 1771 ; son corps fut retrouvé dans la Seine, le 25 juin 1835. Sculpteur, M. Millet.

VOLTAIRE, né à Paris en 1694, mort à Paris en 1778. Sculpteur, M. Husson.

D'ALEMBERT, philosophe et géomètre, né à Paris en 1717, mort en 1783. Sculpteur, M. Diebolt.

BUFFON, le grand naturaliste, né à Montbard en 1707, mort à Paris en 1788. Sculpteur, M. Deligand.

AMBROISE PARÉ, le père de la chirurgie française, né à Laval, dans le commencement du XVIe siècle; chirurgien des rois Henri II, François II, Charles IX et Henri III; mort à Paris en 1590. Sculpteur, M. Ramus.

PAPIN, célèbre par la machine qui porte son nom et qui fut la première application connue de la vapeur à la mécanique; mort en 1710. Sculpteur, M. Calmels.

DE HARLAY, premier président au parlement de Paris, né à Paris en 1536, mort en 1616. Sculpteur, M. Barre.

Corps de façade, en allant du nord au sud :

PERRONET, ingénieur célèbre, auteur du pont Louis XVI ou de la Concorde, à Paris, qui passe pour le chef-d'œuvre des ponts de pierre, et de celui de Neuilly, premier exemple d'un pont horizontal ; né à Suresne, près Paris, en 1708, mort en 1794. Sculpteur, Antonin Moyne.

VOYER-D'ARGENSON (Marie-Réné de), lieutenant de police et garde des sceaux, né à Venise en 1652, mort à Paris en 1721. Sculpteur, M. Valcher.

MANSART, architecte sous Louis XIV ; il bâtit le château de Versailles et l'église des Invalides ; né à Paris en 1645, mort à Marly en 1708. Sculpteur, M. Fauginet.

LE BRUN, célèbre peintre d'histoire sous Louis XIV, né à Paris en 1619, mort en 1690. Sculpteur, M. Caunois.

LESUEUR, célèbre peintre d'histoire de la même époque ; il a été surnommé le

Raphaël français; né à Paris en 1617, mort dans un cloître de Chartreux en 1655. Sculpteur, M. Chenillon.

SAINT VINCENT-DE-PAUL, fondateur de nombreux établissements de bienfaisance, dont le plus célèbre est l'hospice des Enfants-Trouvés; né à Ranquines en 1576, dans les Landes, mort à Paris en 1660. Sculpteur, M. Ramus.

JEAN DE LA VACQUERIE, premier président du parlement de Paris; mort en 1497. Sculpteur, M. Auvray.

PHILIBERT DELORME, architecte des Tuileries, né à Lyon, mort à Paris en 1577. Sculpteur, M. Fauginet.

GOZLIN, évêque de Paris, conseiller du roi Charles-le-Chauve, mort en 885. Sculpteur, M. Grevenich.

PIERRE LESCOT, premier architecte du Louvre; la façade de l'horloge est la seule partie de son ouvrage qui existe encore. Il éleva aussi la fontaine des Innocents. On le regarde comme le restaurateur de l'architecture en France. Né à Paris en 1510, mort en 1571. Sculpteur, M. Brun.

JEAN GOUJON, sculpteur, surnommé le *Phidias français*. Il est l'auteur des principaux bas-reliefs du vieux Louvre et des figures qui décorent la fontaine des Innocents. Né à Paris, Jean Goujon mourut le jour de la Saint-Barthélemy, atteint d'un coup d'arquebuse, tandis que, placé sur un échafaudage, il travaillait à la décoration du Louvre. Sculpteur, M. Chardigny.

ÉTIENNE BOYLEAUX, Prévôt de Paris, magistrat célèbre par son intégrité, un des ancêtres de Boileau Despréaux. Ses *Statuts* ont servi de base à la législation communale en France. Mort en 1269. Sculpteur, M. Huguenin.

HUGUES AUBRIOT, intendant des finances et Prévot des marchands sous Charles V, fit bâtir la Bastille en 1369 pour fortifier Paris contre les Anglais, et décora Paris de plusieurs édifices. Il refusa en 1381, au péril de sa vie, de se mettre à la tête des séditieux appelés *Maillotins*. Né à Dijon, mort en 1382. Sculpteur, M. Lequien.

SAINT LANDRY, évêque de Paris en 653. Il a fondé l'Hôtel-Dieu. Sculpteur, M. Debay fils.

MAURICE DE SULLY, évêque de Paris en 1162. Il fit commencer la cathédrale de Notre-Dame. Sculpteur, M. Desprez.

JUVÉNAL DES URSINS, Prévôt des marchands de Paris, maintint avec fermeté les priviléges des bourgeois de Paris contre les gens de guerre, et reçut pour récompense l'hôtel des Ursins, d'où il prit son surnom. Mort en 1472. Sculpteur, M. Dantan aîné.

PIERRE DE VIOLE, Prévôt des marchands, posa la première pierre de l'Hôtel de Ville de Paris, en 1533. Sculpteur, M. Duseigneur.

MICHEL LALLIER, Prévôt des marchands.

Avec l'aide des bourgeois, il chassa les Anglais de Paris, sous Charles VI. Sculpteur, Antonin Moyne.

GUILLAUME BUDÉ, Prévôt des marchands. Bibliothécaire de François Ier, il provoqua, par ses sollicitations, la fondation du collége de France. Né à Paris en 1467, mort en 1540. Sculpteur, M. Brian.

FRANÇOIS MIRON, Prévôt des marchands. Il acheva le premier Hôtel de Ville. Mort en 1609. Sculpteur, M. Jaley.

ROBERT ESTIENNE, imprimeur célèbre, né à Paris en 1503, mort en 1559 à Génève, où il avait été obligé de se retirer pour avoir publié une bible avec des notes de Calvin. Sculpteur, M. Lescorné.

JEAN AUBRY, premier juge consulaire sous Charles IX. Sculpteur, M. Gayrard.

MATHIEU MOLÉ, premier président du parlement de Paris, une des gloires de la magistrature française, né à Paris en 1584, mort en 1656. Sculpteur, M. Droz.

Rollin, recteur de l'Université de Paris, historien célèbre, né à Paris en 1661, mort en 1741. Sculpteur, M. Caillouette.

L'Abbé de l'Épée, fondateur de l'Institution des Sourds-Muets, né à Versailles en 1712, mort en 1789. Sculpteur, M. Préault.

Turgot, ministre de Louis XVI, né à Paris en 1727, mort en 1781. Sculpteur, M. Foyatier.

Sylvain Bailly, premier Maire de Paris, mort sur l'échafaud révolutionnaire en 1793. Sculpteur, M. Husson.

Frochot, premier Préfet de la Seine, né en 1761. Sculpteur, M. Desprez.

Pavillon du sud, au coin de la place et du jardin, près de la Seine :

Lavoisier, chimiste illustre, né à Paris en 1743. Fermier-général sous Louis XVI, il fut condamné à mort sous la Révolution, parce qu'on lui supposait de grandes richesses. Lavoisier demanda quelques jours pour terminer ses expériences sur la respiration et la transpiration. *Nous n'avons plus besoin de savants*, répondit le président du tribunal révolutionnaire, et on le conduisit à l'échafaud. Sculpteur, **M. Toussaint.**

CONDORCET, philosophe célèbre ; il expia par une condamnation à mort les efforts qu'il fit pour ouvrir les voies, un des premiers, à la Révolution française. Afin de se soustraire à l'échafaud, il prit un poison subtil et mourut en 1794. Sculpteur, **M. Carrier.**

LAFAYETTE (le général marquis DE) ; sa vie fut mêlée à tous les événements des révolutions de 1789 et de 1830. Né en 1759, mort en 1832. Sculpteur, **M. Chenillon.**

DE LA REYNIE, lieutenant de police sous Louis XIV, le premier qui organisa la police municipale de Paris ; né à Limoges en 1625, mort à Paris en 1709. Sculpteur, **M. Protat.**

Colbert, ministre de Louis XIV, né à Reims en 1619, mort en 1683. Sculpteur, M. Mercier.

Catinat, maréchal de France sous Louis XIV, né à Paris en 1637, mort en 1712. Sculpteur, M. Demesmay.

De Thou, président au parlement de Paris et historien célèbre, né à Paris en 1553, mort en 1617. Sculpteur, M. Petit.

Boileau Despréaux, né à Paris en 1636, mort à Auteuil en 1711. Sculpteur, M. Maindron.

Molière, né à Paris en 1620, mort en 1673. Sculpteur, M. Ottin.

Les sculptures du fronton, celles qui décorent et surmontent l'horloge méritent aussi d'être remarquées. Les noms de leurs auteurs ne sont point parvenus jusqu'à nous. Celles qui représentent deux fleuves, la Seine et la Marne, ont été refaites d'après les anciens modèles par M. Cavelier.

L'Hôtel de Ville actuel occupe à la fois les anciens emplacements de la chapelle et de l'hospice du Saint-Esprit et de l'église Saint-Jean. Son agrandissement, et l'ouverture récente de ses abords, ont fait disparaître les rues de la Tixéranderie, du Coq-Saint-Jean, des Écrivains, Jean-de-l'Épine, de la Mortellerie, du Martroy, des Haudriettes, de la Levrette et du Tourniquet-Saint-Jean.

La place de l'Hôtel de Ville, ancienne place de Grève, forme un vaste rectangle qui s'étend de la rue de Rivoli au quai de la Seine, et communique avec l'île de la Cité par le pont d'Arcole. Elle n'a rien gardé de son ancienne physionomie, et les vieux bâtiments, si féconds en souvenirs historiques, qui virent tant de révolutions, tant de supplices, tant de fêtes, ont disparu pour faire place à d'élégantes façades modernes. C'est sur la place de Grève que se faisaient autrefois les réjouissances publiques; elle a été le principal théâtre des fêtes données pour la naissance, le mariage, l'entrée à Paris et le couronnement de nos rois, jusqu'à la Révolution française. C'est là que se célébraient surtout les fameuses fêtes de la Saint-Jean; toute la cour y assistait en grande cérémonie et le roi allumait lui-même le feu de joie. La place de Grève fut témoin des principales scènes de la Fronde; elle vit les atrocités de 1793; elle fut le rendez-vous naturel de toutes nos insurrections et entendit proclamer tous les gouvernements provisoires de notre époque. C'est sur la place de Grève qu'avaient lieu les exécutions capitales : le connétable de Saint-Pol, le maréchal de Biez, Montgommery, qui avait eu le malheur de blesser mortellement le roi Henri II dans un tournoi, le maréchal de Marillac y eurent la tête tranchée; Ravaillac, l'assassin de Henri IV, y fut

écartelé; la maréchale d'Ancre déca-
pitée; la marquise de Brinvilliers et la
Voisin, célèbres empoisonneuses, brû-
lées vives; Cartouche, le chef de voleurs,
y fut rompu vif; Damien, l'assassin de
Louis XV, y subit le même supplice que
Ravaillac.

La fameuse lanterne aux aristocrates,
où fut pendu Foulon, en 1789, était située au coin de la rue de la Vannerie, à
peu près où se trouve le milieu de la
place d'aujourd'hui. Le 25 avril 1792 se
fit sur la place de Grève la première ex-
périence de l'instrument de mort appelé
guillotine, sur un nommé Pelletier, condamné comme voleur et assassin. En
1793, l'échafaud fut transporté sur la
place Louis XV, qui prit alors le nom de
place de la Révolution, aujourd'hui
place de la Concorde; il y resta en per-
manence durant l'époque de la Terreur.
Transféré sur la place Saint-Antoine, le
21 prairial an II; quelques jours après à

la barrière du Trône, puis de nouveau
sur la place de la Révolution, pour
l'exécution de Robespierre, il fut rétabli
le 20 messidor an III sur la place de
Grève, qui eut sous l'Empire et sous la
Restauration, le triste privilége d'être
consacrée aux exécutions capitales. Depuis 1830, l'instrument du supplice a été
éloigné de l'intérieur de Paris : on le
dresse aujourd'hui sur la place et devant
la prison de la Roquette.

L'Hôtel de Ville a vu lui-même des
fêtes magnifiques dont le récit n'entre
pas dans le cadre de cette notice, depuis
l'entrée de Louis-le-Jeune, en 1137,
lorsque ce roi quitta Orléans, son ancienne capitale, pour venir résider à
Paris, jusqu'aux fêtes de nos jours qui
dépassent en richesse et en magnificence les fêtes de tous les palais de l'univers. Les plus mémorables furent celles
données par la Ville à l'occasion de l'entrée de Philippe-Auguste, en 1214, après

la bataille de Bouvines; pour l'entrée du roi Jean, en 1350, après qu'il eut été sacré à Reims; pour l'arrivée d'Isabeau de Bavière venant épouser Charles VI, en 1389; pour celle de Louis XI, en 1461; pour le passage de l'empereur Charles-Quint à Paris, en 1540; puis, en descendant vers notre époque, pour le mariage de Louis XIV avec Marie-Thérèse d'Autriche, en 1660; la naissance des princes, leurs fils; la fête de la paix, en 1739; le mariage de Louise-Élisabeth, fille de Louis XV, avec le duc de Parme, en 1759; celui du Dauphin, en 1745; l'entrée de Louis XV, à son retour de l'Alsace, la même année; la naissance du duc de Bourgogne, en 1751, du duc de Berry (qui fut Louis XVI), en 1754, du comte de Provence (Louis XVIII), en 1755, du comte d'Artois (Charles X), en 1757, et le mariage des mêmes princes; l'inauguration de Louis XV, le bien-aimé, en 1763; la naissance de la Dauphine et du Dauphin, en 1778 et 1781 ; la publication de la paix avec l'Angleterre, en 1783 ; la naissance du duc de Normandie, Dauphin (Louis XVII). Puis viennent des fêtes d'un autre ordre : l'acceptation de la Constitution par Louis XVI, en 1791 ; la fameuse fête de l'Être-Suprême, en 1794 ; celle de la paix générale, en 1801 ; le sacre et le couronnement de l'Empereur Napoléon Ier, en 1804 ; son mariage avec Marie-Louise d'Autriche, en 1810 ; la naissance du roi de Rome, le 20 mars 1811 ; l'entrée de Louis XVIII et des Bourbons à Paris, en 1814 ; le mariage du duc de Berry, en 1816 ; la naissance du duc de Bordeaux, en 1820, et le baptême de ce prince l'année suivante ; le retour du duc d'Angoulême après la guerre d'Espagne, en 1823 ; le sacre et le couronnement de Charles X, en 1825 ; le troisième anniversaire de la Révolution de Juillet, en 1833 ; le mariage du duc d'Orléans, en 1837, et enfin le mariage de Napoléon III, en 1853, pour lequel les nouveaux salons ont été décorés tels qu'ils le sont aujourd'hui. Il y a là tout une histoire de France.

Chaque année voit d'ailleurs augmenter en luxe et en richesse les fêtes de l'Hôtel de Ville de Paris. Celles qui ont eu lieu l'hiver dernier, par les soins du Préfet actuel, M. Haussmann, avaient fait de cet édifice un palais des *Mille et une Nuits*. Pour en donner une idée, il suffira de dire que 7,000 personnes y assistèrent, que les salons étaient éclairés par 9,714 bougies et 2,389 becs de lampes, c'est-à-dire plus de 12,000 feux, et que l'espace parcouru pour faire le tour des salons avait un développement de 936 mètres, c'est-à-dire près d'un quart de lieue.

La verdure et les fleurs étaient prodiguées partout, et des pièces entières en étaient couvertes ; la galerie de la rue de Rivoli, où sont les bureaux de la préfecture de la Seine, et qui établit la communication avec les trois autres corps de bâ-

timents, avait été transformée, dans toute
sa longueur, en une tonnelle tapissée de
feuillage sur un treillage d'or, que des
verres de couleurs éclairaient d'une lu-
mière douce. Sur les degrés qui conduisent du grand escalier d'honneur à la
cour du centre, était représentée l'entrée
d'une grotte d'où jaillissait, au milieu
des plantes exotiques les plus rares et de
statues heureusement disposées, une im-
mense nappe d'eau de la largeur du vestibule. Organisés par un Préfet homme de
goût, quoique administrateur sévère, les
grands bals de l'Hôtel de Ville ont atteint
un degré de magnificence dont ils n'a-
vaient jamais approché avant lui. Aussi,
les invitations en sont-elles recherchées
jusqu'à l'étranger, et, plus que jamais, la
ville de Paris peut se flatter aujourd'hui
que ses fêtes n'ont point de rivales au
monde.

INTÉRIEUR DE L'HOTEL DE VILLE.

L'Hôtel de Ville se divise en trois
parties principales : le corps de bâtiment du nord, qui donne sur la rue de
Rivoli, est entièrement affecté aux bureaux de la Préfecture de la Seine. Les
salons de réception embrassent l'étage
principal, à peu près sur toute la longueur des trois autres côtés; la salle dite
du *Trône* occupe le milieu de la façade
principale, et la grande galerie des Fêtes
s'étend sur presque toute la longueur de
la place Lobau. L'étage inférieur du
pavillon du midi forme les appartements
privés du Préfet, à qui sont réservés
aussi la cour du midi et le jardin demi-

circulaire qui avance sur le quai de la Grève.

Pénétrons maintenant dans l'intérieur de l'Hôtel de Ville par la porte que surmonte la statue équestre de Henri IV, et par l'escalier de pierre qui conduit à la cour du centre. Cette porte se trouvait primitivement au haut d'un perron qui a subsisté jusqu'au moment où le niveau de la place a été exhaussé, en 1835 ; de là l'expression souvent usitée dans les chroniques de la révolution française : — monter à l'Hôtel de Ville.

Une première statue en bosse du roi Henri IV, dont le chiffre ou les traits sont en plusieurs endroits reproduits , fut sculptée au-dessus de la grand'porte , en 1608 , sur le modèle de la statue de Marc-Aurèle au Capitole de Rome, par Pierre Biard, fort renommé alors comme élève de Michel-Ange. Elle était en pierre de Trécy, sur un fond de marbre noir. Pendant les troubles de la Fronde, cette statue eut beaucoup à souffrir, lorsque le peuple, sous prétexte de brûler les *Mazarins*, mit le feu aux barricades qui défendaient la porte principale de l'Hôtel de Ville.

Le 1er juillet 1652, les chefs de la Fronde, qui avaient fait de vains efforts pour obtenir un traité d'union avec le parlement, déchaînèrent contre lui la populace qui se précipita dans les salles du palais et blessa grièvement plusieurs magistrats. Le lendemain, un combat sanglant fut livré à la porte de Paris, au pied de la Bastille, entre les troupes royales commandées par Turenne, et celles de l'armée des Princes sous les ordres de Condé. Turenne eut le dessus et, sans les fameux coups de canon tirés de la Bastille par ordre de Mademoiselle, qui ranimèrent un moment l'armée des Princes, les troupes royales seraient entrées à Paris. Mais les chefs de la Fronde, réunis au Luxembourg, considérèrent leur cause comme perdue s'ils n'obtenaient de la ville de Paris des secours en hommes et en argent pour tenter un dernier effort. Le 4 juillet, il devait y avoir à l'Hôtel de Ville une assemblée générale pour aviser à la sûreté de la ville et de la justice. Outre le Prévôt des marchands, les échevins, les officiers de ville et les conseillers, on y avait convoqué le gouverneur de Paris, l'archevêque de Paris, des chanoines de Notre-Dame, les abbés des principaux couvents et tous les curés de la ville, les présidents du parlement, les colonels et les capitaines de la garde bourgeoise, les quarteniers, cinquanteniers, dixainiers, et les syndics des principaux corps de métiers. Le duc d'Orléans et les Princes avaient promis d'assister à la réunion. Quelques compagnies furent commandées pour garder les avenues de l'Hôtel de Ville, mais leur capitaine, qui était un marchand nommé Frottier, passait pour un des plus déterminés frondeurs, et le lieutenant de celui-ci, nommé Péjart, marchand de fers, était si mal intentionné qu'il faisait tout haut des menaces aux députés entrant au conseil, s'ils n'agissaient pas dans les intérêts de la Fronde.

Dès le début de la réunion, un trompette, porteur d'une lettre de cachet de la part du Roi, fut introduit. Sa Majesté enjoignait à l'assemblée de différer sa résolution de huit jours. Le procureur du roi ayant proposé de répondre à ce message dans des termes qui ne convenaient pas aux partisans les plus violents de la Fronde, fut interrompu par des huées ; on cria que c'était encore une mazarinade , qu'on voulait gagner du temps et qu'il fallait en finir. Les Princes se levèrent et quittèrent la séance. En descendant le perron de l'Hôtel de Ville, ils dirent à la foule impatiente qu'il n'y avait rien à tirer de ces gens là, et leurs amis se répandirent dans la foule pour y répéter les mêmes paroles. Bientôt des coups de mousquet furent tirés dans les fenêtres de la grand'salle. Les députés consternés envoyèrent barricader en dedans la porte du perron. Le peuple essaya de la forcer ; pour en venir à bout on apporta des quantités de fagots que l'on frotta de poix et d'huile, et l'on y mit le feu. Les soldats du maréchal de l'Hôpital, gouverneur de Paris, qui se trouvaient à l'intérieur, défendirent les barricades avec beaucoup de vigueur ; mais ils avaient peu de munitions : ils se présentaient quatre par quatre au haut des barricades, et attendaient que l'étroit escalier fût rempli de monde afin de ne pas tirer à faux ; chaque décharge tuait ainsi beaucoup de monde. Cependant le peuple finit par l'emporter. Il pénétra dans l'Hôtel de Ville et un massacre commença. Heureusement, la plupart des assaillants étaient plus préoccupés de pillage que de meurtre ; ils firent main basse sur toutes les caisses et presque tous ceux qui purent offrir une rançon trouvèrent moyen d'être épargnés et conduits hors de l'hôtel, à la faveur de la nuit tombante. Le maréchal de l'Hôpital, qui avait eu soin de se défaire de son cordon bleu et de se couvrir d'un manteau de bourgeois, fut sauvé par un valet de chambre à qui il promit mille pistoles ; il les lui paya religieusement et lui fit de plus une rente de cent écus. D'autres se cachèrent à la faveur de l'obscurité et grâce à la connaissance qu'ils avaient des lieux. Le Prévôt des marchands, Lefebvre, se retira dans la chambre écartée d'un officier de ville, d'où Mademoiselle et le duc de Beaufort le firent sortir dans la soirée, lorsqu'ils vinrent à l'Hôtel de Ville, sentant la nécessité de mettre fin à ces désordres. La paix avec la cour fut faite, comme on sait, au mois d'octobre suivant.

La statue de Henri IV, témoin de ces excès, se trouva fort endommagée par suite de l'incendie de la grand'porte; néanmoins elle subsista jusqu'à la Révolution française. La Restauration rétablit une statue provisoire de Henri IV, en plâtre, sur le modèle de l'ancienne, et enfin, celle de bronze, que l'on voit aujourd'hui se détacher sur un fond de marbre blanc, fut commandée en 1836 à M. Lemaire, membre de l'Institut.

Le défaut de parallélisme des bâtiments de droite et de gauche, à une époque où l'on subordonnait assez volontiers les proportions d'un édifice public à la direction des rues ou des propriétés adjacentes, a fait donner la forme d'un trapèze à la cour du centre, dont le fond est moins large que le côté de devant. Pour compenser ces proportions, on a donné la disposition contraire aux deux cours de droite et de gauche, qui forment deux autres trapèzes; le côté touchant à la grande place y est plus large que celui du fond, renversement qui rétablit le parallélisme entre les quatre façades de l'Hôtel de Ville moderne.

La cour du centre est entourée d'une galerie à portiques. Sous le dernier portique de gauche, à l'angle de la cour, on lit l'inscription suivante, placée à l'époque où fut achevé le corps de logis qui complétait l'Hôtel de Ville de ce côté :

HANC . ÆDIFICIORVM . MOLEM
MVLTIS . ANNIS . INCHOATAM
ET. AFFECTAM. MARINUS. DE. LA
VALLÉE. ARCHITECTUS. PARISIN'
SVSCEPIT. AN. 1606. ET. AD. VLTI"
MAM. VSQUE. PERIODVM. FOELICI"
TER. PERDVXIT. AN. SAL. 1628.

« Marius de la Vallée, architecte parisien, en-
« treprit en 1606 ce grand édifice, resté longtemps
« imparfait et inachevé, et l'a terminé heureusement
« l'an de grâce 1628. »

Deux étages d'arcades avec des colonnes engagées, d'ordre ionique au rez-de-chaussée et corinthien au premier étage, formaient autrefois une décoration aussi élégante qu'originale. Aujourd'hui même que le premier étage a dû être rempli, l'ensemble ne manque pas de caractère. Les portiques du rez-de-chaussée, ainsi que les galeries du premier étage, qui conduisent des deux côtés à la salle des séances du conseil municipal, sont remarquables par la sculpture variée des plafonds, qui change pour chacune des travées. Au reste, toute la cour paraît avoir été l'objet de soins particuliers de la part des officiers municipaux qui se sont préoccupés, à toutes les époques, de son ornementation. Nous voyons dans un registre de 1535 que l'on donnait à Thomas Choqueur quatre livres tournois pour chacune des *histoires* qu'il devait sculpter pour les portiques, et pareille somme était accordée au peintre qui devait les enluminer. En 1611, Georges Lallement était chargé d'exécuter des portraits pour les médaillons qui existent encore à l'intérieur des galeries de la cour, ainsi qu'à l'extérieur, entre chacune des arcades.

Sous le règne de Louis XIV, la cour de l'Hôtel de Ville était couverte d'inscriptions qui rappelaient, souvent dans des sens contradictoires, les divers événements de son règne et les scènes mémorables qui s'étaient passées à l'Hôtel de Ville. On les trouve consignées dans le grand ouvrage de MM. Caillat, architecte, et Leroux de Lincy. Après les désordres que nous avons racontés, une statue de Louis XIV, en marbre, par Gilles Guérin, fut placée au fond de la cour, sous l'arcade du milieu de la galerie. Dans une visite qu'il fit à l'Hôtel de Ville en 1687, le Roi la fit enlever, ainsi que toutes les inscriptions qui rappelaient les discordes civiles. Il fit présent de la statue au président de Fourcy, Prévôt de Paris, qui l'envoya à son domaine de Chessy, et il ordonna qu'elle fût remplacée par une statue de bronze. Coysevox, un des bons sculpteurs de l'époque, fut chargé de l'exécuter. Supprimée sous la Révolution française, elle a été replacée depuis, telle que nous la voyons, au milieu de la cour, avec ses deux bas-reliefs, dont l'un représente l'ange de la Royauté donnant du pain au peuple pendant la grande famine de 1662, et l'autre la Religion et la France foudroyant l'Hérésie, c'est-à-dire la révocation de l'édit de Nantes.

Au fond de la cour du centre, on descend quelques marches et l'on se trouve au pied du grand escalier d'honneur; la salle Saint-Jean, qui sert souvent à des réunions publiques, à des examens ou à des séances de sociétés savantes, forme le vestibule de ce superbe escalier, qui n'a de rival, pour la magnificence et les dimensions, dans aucun palais de l'Europe.

Les salles qui communiquent de plain
pied avec la cour du centre sont affectées
aux réunions du conseil de préfecture et
au bureau des affaires militaires. Reve-
nons sur nos pas et montons l'escalier qui
se trouve à gauche de la porte d'entrée.
Cet escalier n'existait pas dans l'ancien
édifice, et le plafond, d'une architecture
un peu lourde, mais caractéristique, qui
couvre le vestibule du premier étage, a
été copié sur celui de l'escalier corres-
pondant de l'autre côté de la salle des
huissiers, qui possède l'original. Le vestibule lui-même où nous sommes, et qui
se trouvait, avant 1835, à l'extrémité de
l'Hôtel de Ville, a servi, jusqu'à cette
époque, de cabinet aux Préfets de la
Seine.

C'était un salon réservé, au temps où
le conseil de la commune de Paris tenait
ses séances dans la grande salle voisine,
devenue *salle du Trône*. Bien des drames
mystérieux ont dû se passer sur ce palier

que tant de personnes traversent aujour-
d'hui sans s'y arrêter. C'est là que fut
porté Maximilien Robespierre, blessé,
lorsqu'il eut essayé de se brûler la cervelle, le lendemain du 9 thermidor. Les
deux Robespierre, Lebas, Saint-Just et
Couthon, arrêtés dans cette journée,
avaient trouvé des partisans qui les
avaient fait évader. Ils avaient couru à
l'Hôtel de Ville, espérant un mouvement
de la commune en leur faveur. Mais il
ne s'agissait que de porter un premier
coup à la hideuse puissance qui courbait
la France entière sous la terreur. Robespierre, une fois attaqué en face, devait
voir toutes les indignations, toutes les
vengeances accumulées s'élever à la fois
contre lui.

Hanriot avait parcouru vainement les
rues de Paris à cheval, gesticulant et
brandissant son sabre pour soulever la
populace. Il était deux heures du matin;
quoique la salle du conseil fût pleine des

amis de Robespierre, la vue seule des gendarmes chargés de l'arrestation décide Lebas à tirer deux pistolets de sa poche ; il en offre un à Robespierre qui le refuse d'abord ; avec l'autre il se brûle la cervelle et tombe mort entre les bras de Robespierre le jeune. Celui-ci s'échappe par la porte des tribunes et se réfugie à l'étage supérieur, dans le local qui sert aujourd'hui de garde-meuble ; il sort par la fenêtre qui se trouve à la gauche de l'horloge ; on le voit courir quelques minutes sur la balustrade, ses souliers à la main, ce qui indiquait l'intention d'escalader les toits, puis, poursuivi et perdant la tête, il se précipite sur la place et tombe sur le perron de pierre de la façade où se trouvaient plusieurs citoyens. Il en blessa deux et se cassa une jambe.

Pendant ce temps, Maximilien Robespierre se tirait dans la bouche un coup de pistolet qui ne fit que lui fracasser la mâchoire et les dents. On le transporta dans le petit salon dont nous parlions tout à l'heure et qui forme aujourd'hui vestibule; on l'étendit sur une table où il resta jusqu'au jour, en proie à d'horribles souffrances et ne pouvant se faire entendre à travers le sang qui jaillissait de sa blessure et l'appareil provisoire qu'on lui avait posé. Comme il essayait d'étancher le liquide avec ses mains, « —C'est du sang, lui cria un homme du « peuple, c'est ce que tu aimes! » Robespierre fut transporté de là devant le tribunal révolutionnaire, et, avant la fin du même jour, sa tête tombait sous l'échafaud de la place de la Révolution, où il avait envoyé tant de victimes.

L'étroit passage qui conduit du vestibule où nous nous trouvons vers les bâtiments de la rue de Rivoli, était, à cette époque, un petit cabinet éclairé par une fenêtre, dite à guillotine. C'est par cette fenêtre que Coffinhal saisissant Hanriot à moitié ivre, le précipita sur un tas d'immondices, en lui disant : « Va, misé- « rable ivrogne, tu n'es pas digne de « l'échafaud. »

La salle du Trône occupe toute la façade de l'ancien Hôtel de Ville. Elle a 28 mètres 60 centimètres de long, 11 mètres de large et 7 mètres 80 centimètres de haut. Deux cheminées monumentales se font face à ses deux extrémités. Celle du côté du nord, qui est surmontée d'une horloge, est l'ouvrage de Biard, élève de Michel-Ange, dont nous avons déjà parlé. Elle porte, en bas-relief et coloriées, les armes de la ville de Paris, qui sont de gueules au navire équipé d'argent sur une mer agitée de même, au chef d'azur semé de fleurs de lis d'or ; les armes surmontées d'une couronne murale de quatre tours ;

FLVCTVAT NEC MERGITVR

pour légende : *Fluctuat nec mergitur :* —
battu par les flots sans en être submergé.

La cheminée du côté du sud, qui ne
paraît pas inférieure à sa rivale, a été
sculptée par Th. Bodin. La première
date de 1608, celle-ci de 1617. Sous la
Révolution française, ces deux cheminées avaient été masquées par des tribunes d'où le peuple et surtout les femmes
assistaient aux séances du conseil de la
commune de Paris. C'est là que les mé-
gères de 1793, les fameuses tricoteuses,
venaient prendre leurs ébats. On y mon-
tait par des escaliers de bois, dont les
entrées se trouvaient, pour celle du
midi, dans la pièce appelée *Salon du Zodiaque,* pour celle du nord, dans la pièce
qui lui fait pendant et qui touchait au
cabinet des anciens Préfets de la Seine,
dont nous avons parlé plus haut. Cette
pièce, qui précède aujourd'hui le cabinet du Secrétaire général, a aussi ses
souvenirs. C'est là que le Préfet Frochot,

trompé un moment par la conspiration Malet, en 1812, fit préparer une table pour le gouvernement provisoire, lorsqu'il crut tenir la nouvelle officielle de la mort de Napoléon en Russie ; méprise étrange, qui amena la révocation d'un des plus habiles et des plus dévoués administrateurs de l'Empire.

Les murs de la salle du Trône étaient, avant la Révolution française, décorés de tableaux de Largillière, de Louis Boullongne et de Carle Vanloo. En 1830, quatre grandes compositions avaient été demandées à MM. Paul Delaroche, Léon Coignet, Schnetz et Drolling. Elles devaient représenter : — le peuple revenant vainqueur de la Bastille ; — la proclamation de Bailly comme Maire de Paris ; — le combat sur la place de Grève dans la journée du 28 juillet 1830 ; — l'entrevue du roi Louis-Philippe et du général Lafayette à l'Hôtel de Ville. Les trois premiers tableaux ont été relégués dans les

magasins de l'Hôtel, sans avoir été jamais
mis en place, et le dernier n'a pas même
été terminé ; c'est dans la salle où nous
nous trouvons que se passa la scène
dont le sujet avait été indiqué à M. Drolling ; c'est par la fenêtre du milieu que
Lafayette présenta Louis-Philippe au
peuple, en disant : *Voilà la meilleure
des républiques*, comme quarante ans
auparavant il lui avait présenté l'infor-
tuné Louis XVI.

Les quatre grands panneaux qui font
face aux fenêtres sont aujourd'hui occupés par quatre peintures de M. Séchan.
Elles représentent la Ville de Paris per-
sonnifiée sous les traits d'une femme,
aux ve, xiie, xviie et xixe siècles.

Lutèce, au ve siècle, est assise sur le
navire qui a fondé sa puissance, au mi-
lieu des attributs de la colonisation des
Gaules. Les Thermes de l'empereur
Julien, dont les ruines existent encore à
Paris, des temples païens, un faux-dieu,

un trépied préparé pour le sacrifice, une aigle romaine, caractérisent l'époque.

Sur le deuxième tableau, le xiiᵉ siècle est indiqué par la cathédrale de Notre-Dame de Paris, le Châtelet et la Sainte-Chapelle ; par le tombeau bien connu d'Héloïse et Abailard, par des armures de chevalerie et un étendard des Croisades, et enfin par la charte de l'affranchissement des communes.

Le xviiᵉ siècle, ou le grand siècle, nous montre la Ville de Paris portant une cuirasse et couronnée de lauriers, tenant d'une main un plan qui se déroule, de l'autre une statuette d'Apollon ; autour d'elle on distingue la colonnade du Louvre, le dôme des Invalides, l'arc de triomphe de la porte Saint-Denis, un pont de pierre aux lignes modernes ; à ses pieds une lyre, une palette, des lauriers, symboles de la splendeur royale, de la gloire militaire, de l'éclat des sciences et des arts.

Le XIXe siècle a pour cortége tout le merveilleux développement de notre civilisation moderne. L'Hôtel de Ville y trouve naturellement sa place ; l'arc de triomphe du Carrousel rappelle les victoires de l'Empire ; le Panthéon, la fontaine Richelieu, les progrès de l'architecture et du goût ; la Bourse et le caducée, ceux du commerce ; la roue dentelée, ceux de la mécanique et de l'industrie ; le chemin de fer, le télégraphe aérien, déjà dépassé par l'électricité, indiquent nos conquêtes dans le domaine de l'invention ; l'olivier, une paix de près d'un demi-siècle ; la charrue et les lauriers, attachés par un ruban rouge, l'agriculture remise en honneur.

Les figures de ces quatre compositions, qui imitent la fresque, sont dues au pinceau de M. Gosse.

Aux quatre coins de la salle, au-dessus des portes, sont peints les attributs de ce qu'on pourrait appeler les quatre vertus politiques : la JUSTICE, la PRUDENCE, le TRAVAIL et la CONCORDE.

Les portes en chêne sont d'un travail simple et beau. Chaque battant porte le nom de l'homme qui a le plus illustré chaque branche spéciale des sciences et des arts. Cette réunion formerait, avec un petit nombre d'additions, un panthéon complet et bien choisi des gloires de la France.

Économie	SULLY.
Administration	COLBERT.
Éloquence	BOSSUET.
Législation	MONTESQUIEU.
Tragédie	CORNEILLE.
Comédie	MOLIÈRE.
Peinture	N. POUSSIN.
Sculpture	JEAN GOUJON.
Architecture	PH. DELORME.
Génie militaire	VAUBAN.
Histoire naturelle	BUFFON.
Sciences	DESCARTES.
Marine	DUGUAY-TROUIN.
Guerre	TURENNE.

C'est dans la salle du Trône que se donnent les banquets officiels ; on y peut réunir à table 200 convives ; 12 lustres de 96 bougies éclairent cette magnifique pièce dans les soirées de réception.

Entre la salle du Trône et les appartements qui servent aux réceptions ordinaires se trouvent deux salons réservés ; un escalier dérobé les relie aux appartements du Préfet. Ils sont occupés en ce moment par son cabinet. Le premier, dit du *Zodiaque*, décoré en panneaux de chêne et en damas vert, offre plusieurs figures de Jean Goujon, sculptées dans la boiserie. Le second, appelé *Saton du vote*, a un plafond de Schopin, qui représente les villes de France apportant leurs 7,500,000 suffrages au scrutin mémorable qui a donné l'Empire à Napoléon III.

Pendant les premiers troubles de la Fronde, la duchesse de Longueville, afin de mieux gagner la confiance du parlement et du Prévôt des marchands, alors engagés dans son parti, vint, le 11 janvier 1649, s'installer à l'Hôtel de Ville avec ses enfants et son frère le prince de Conti, ce qui, en effet, les rendit un moment très-populaires. Pendant ce temps le duc de Longueville était allé à Rouen pour assurer la Normandie à la cause des Princes. La duchesse accoucha de son second fils quinze jours après, dans le salon du Zodiaque qui touche à la salle du Trône. Le jeune prince eut pour parrain le corps municipal de la ville de Paris, représenté par le Prévôt des marchands et les échevins, et pour marraine la duchesse de Bouillon, autre héroïne de la Fronde ; on lui donna les noms de Charles-Paris de Longueville, comte de Saint-Paul.

C'est dans l'appartement de la duchesse de Longueville que se tinrent la plupart des conciliabules de la Fronde et que fut signé, le 6 mars, le traité avec les Espagnols, qui échoua heureusement, peu de jours après, devant la paix de Rueil.

La salle du Trône communique en outre avec les appartements de réception par une galerie dite de *Marbre*, décorée de huit paysages de Hubert Robert. Ces peintures proviennent de l'ancien hôtel Beaumarchais, que la Ville fit exproprier sous la Restauration, pour y construire le boulevard appelé aujourd'hui du même nom.

La galerie de marbre conduit à l'escalier des appartements du Préfet, entrée des réceptions ordinaires.

Une antichambre, tendue en cuir repoussé, où l'on remarque une jolie statue en bronze, de Bosio, représentant Henri IV enfant, donne accès à un premier salon, dit *Salon d'annonce*, tendu de soie damassée orange, avec une frise peinte par Court. Le meuble est en acajou, sculpté aux armes de la Ville.

C'est dans cette pièce que fut porté le général Négrier, blessé mortellement sur la place de la Bastille, en 1848.

La pièce qui vient ensuite est le *Salon bleu*, dont le plafond a été décoré par Lachaise. Le meuble est en palissandre.

Le *Salon aux arcades*, ainsi nommé parce que des arcades le séparent en trois parties, est la pièce principalement affectée aux réceptions hebdomadaires pendant l'hiver. Quatre peintres ont concouru à sa décoration : M. Schopin pour le premier compartiment; M. Aug. Hesse pour celui du milieu ; M. Vauchelet pour le troisième, et M. Picot pour le plafond principal : ce dernier a pour sujet la Ville de Paris assise devant le temple de l'Immortalité, protégeant et encourageant la Paix, l'Abondance, la Concorde, le Commerce, l'Industrie, les Arts, l'Agriculture, la Bienfaisance et l'Enseignement. Dans les airs, et comme formant une auréole autour de la Ville, apparaissent les hommes qui ont contribué à son illustration, Molé, Poussin, Pascal, Montesquieu, Fenélon, Molière, Bossuet, etc. Autour de cette composition allégorique, M. Aug. Hesse a peint, dans des caissons, la Politique, la Géométrie, la Théologie, la Médecine, la Mécanique, l'Agriculture, la Législation, la Concorde, la Physique et la Chimie; sur les huit panneaux des arcades, la Marine, l'Industrie, la Géographie, la Guerre, l'Histoire naturelle, la Philosophie, l'Astronomie et la Géologie.

Le plafond du premier salon, par M. Schopin, a pour figures principales le Jour et la Nuit; autour d'elles les douze Signes du zodiaque; sur les panneaux des extrémités, les quatre Éléments; sur ceux du milieu, les quatre Saisons. Au-dessus des portes, des génies soutiennent les médaillons de François Ier et de Henri IV, les deux fondateurs de l'Hôtel de Ville.

Les deux figures principales du plafond,

dans le troisième salon peint par M. Vauchelet, représentent l'Imagination et la
Vérité; autour d'elles, des génies dérou-
lant les noms des littérateurs et des artistes
les plus célèbres : Corneille, Racine, La
Fontaine, Boileau, Voltaire, Montesquieu,
Molière, Regnard, J. Goujon, Philibert
Delorme. Au-dessus des portes, les rois
Louis XIV et Louis–Philippe; sur les panneaux des extrémités, la Tragédie, la Comédie, la Statuaire et l'Architecture; sur
ceux du milieu, la Danse, la Poésie, le
Dessin et la Musique. Les trois cheminées,
en marbre blanc, méritent d'être remarquées, ainsi que la pendule, de Thomire,
représentant Neptune et Amphitrite.

C'est dans la salle des arcades que le
gouvernement provisoire s'installa en
février 1848.

On montre dans l'embrasure de la
porte qui conduit au *Salon jaune*, le trou
d'une balle de fusil tirée du quai pendant les journées de juin.

Le salon jaune porte aussi des traces de la révolution de 1848, sur le cadran d'une jolie pendule de Denière qu'un ouvrier horloger avait déjà frappée d'un coup de poignard, lorsqu'un des hommes de service de l'Hôtel de Ville lui arrêta le bras. — Il voulait, disait-il, faire travailler l'horlogerie.

Le joli plafond en arabesques qui orne le salon jaune est dû au pinceau de M. Vauchelet.

La salle à manger qui vient après est revêtue en stuc et décorée de sujets de chasse et de pêche par Jadin.

Les salles que nous avons parcourues jusqu'ici étaient terminées antérieurement à 1848. Celles qui nous restent à visiter, c'est-à-dire le salon de l'Empereur, les deux salons des Prévôts, la grande galerie des fêtes, les deux salons des Arts, la salle des Cariatides et le salon de la Paix, n'ont été inaugurés qu'au commencement de 1853, pour les fêtes données par la ville de Paris à l'occasion du mariage de l'Empereur.

Le *Salon de l'Empereur*, consacré à la mémoire de Napoléon Ier, a pour tentures une étoffe de satin vert, semée d'abeilles, confectionnée exprès à Lyon, et un riche tapis d'Aubusson au chiffre de l'Empereur. La cheminée est ornée d'un portrait de Napoléon, par Gérard.

Le plafond, peint par M. Ingres, représente l'apothéose de Napoléon Ier. L'Empereur s'élève dans les airs, sur un char d'or, après avoir quitté l'île Sainte-Hélène qu'on aperçoit à l'horizon. Il porte la chlamyde, le long sceptre, l'épée, la couronne de lauriers, et tient dans sa main le globe du monde. Il est nu, ainsi que l'antiquité avait l'usage de représenter les héros déifiés, et debout, sur un char de triomphe emporté par quatre chevaux dont la couleur isabelle est historique : c'est celle des chevaux qui conduisirent l'Empereur au sacre. La Victoire les dirige vers le temple de l'Immortalité, qu'on voit au fond du tableau. La Renommée suit l'Empereur dans sa course et lui pose sur la tête la couronne civique ; l'aigle triomphant plane dans les cieux ; l'étoile brille au-dessus du héros et le signe du zodiaque marque sa route. Au bas du tableau, le trône est resté vacant, gardé par l'aigle triste et fidèle. Mais la France en deuil cesse de pleurer ; elle suit le héros du regard et espère en sa race. En effet, il va revivre dans son neveu, *in nepote redivivus*. Némésis poursuit et terrasse l'Emeute et l'Anarchie, qui rentrent dans l'abîme.

Autour de ce plafond, **M.** Ingres a représenté les villes capitales qui ont joué un rôle dans la vie de l'Empereur. Ces figures allégoriques, pour n'avoir pas la même importance, ne sont pas moins admirables que la grande composition.

Le premier *Salon des Arts* fait suite au salon de l'Empereur et précède la grande galerie des Fêtes. M. Landelle a peint, au-dessus de ses portes, trois gracieuses figures allégoriques qui représentent la Sculpture, la Gravure et l'Architecture. Sur une cheminée en marbre blanc, une pendule en bronze reproduit le modèle du fameux tombeau des Médicis, œuvre inachevée de Michel-Ange, dans l'église de Saint-Laurent à Florence.

Avant de pénétrer dans la grande galerie, jetons un coup d'œil dans le *Salon des Prévôts*, ainsi nommé parce qu'il compte, parmi ses ornements, une suite de cinquante-six bustes des anciens Prévôts de la ville de Paris, depuis J. Morin, Prévôt en 1524, jusqu'à Trudaine, qui l'était en 1716.

Le plafond, peint par M. Riesener, représente la Ville de Paris ressaisissant, au 2 décembre, le sceptre de la civilisation et des arts. Les Muses forment sa cour, et l'Abondance, assise à ses côtés, lui offre ses trésors. Derrière elle, des enfants plient des drapeaux en signe de concorde, tandis que la Discorde et l'Anarchie fuient devant les Dieux irrités. Mercure ramène la Richesse, et la Seine, accoudée sur son urne assiste au triomphe de la glorieuse cité. La figure voilée, tenant en main un mors qu'elle repousse, est l'image des passions politiques comprimées.

La grande **Galerie des Fêtes,** décorée or et blanc, avec tentures cramoisies, est certainement la plus belle et la plus vaste salle de bal qui existe au monde. Elle a cinquante mètres de long sur douze et demi de large, et autant de haut. Elle est éclairée, sur la place Lobau, par treize baies en arcades et ornée de trente-deux colonnes dégagées, d'ordre corinthien, servant de point d'appui aux retombées de la voûte qui porte le plafond. Rien n'égale la richesse de cette décoration surtout aux lumières. Deux rangées de lustres, au nombre de vingt-six, y jettent les feux de deux mille six cents bougies.

M. Henri Lehmann a été chargé de peindre les voussures et les pendentifs de la grande galerie des Fêtes. Il y a représenté un *epitome* de l'histoire de la civilisation, depuis les premiers efforts tentés par l'homme pour triompher des éléments et des bêtes sauvages, jusqu'à la culture des sciences, des arts et de l'industrie, au sein de la paix et de l'abondance. Les cinquante-six sujets de cette œuvre capitale occupent une superficie d'environ cent cinquante mètres carrés et contiennent plus de cent quatre-vingts figures dont les principales ont six pieds de proportion.

Chargé de ce travail en janvier 1852 et prévenu que l'inauguration de la salle aurait lieu au mois de décembre, M. Lehmann a dû composer et exécuter ce travail considérable dans l'espace de dix mois.

Au midi de la salle, le premier pendentif a pour légende : *Humanum oritur genus*, naissance du genre humain. Une femme, couronnée de fleurs et d'épis, ouvrant ses bras chargés de fruits et offrant ses mamelles aux enfants qui l'entourent, représente la jeune humanité jouissant des bienfaits du Créateur.

Dans la voussure, un enfant caresse un lion.

Pugnat contra feros. L'homme combat les animaux féroces. Menacé par un tigre, attaqué par un lion, il enfonce dans la gueule de ce dernier un arbre déraciné ; à ses pieds gît un corps expirant sous l'étreinte d'un reptile. Une femme effrayée serre son enfant contre son sein.

Enfant lapidant un serpent.

In manu pecudes habet. L'homme s'assujettit les animaux domestiques. Le chef de la famille marche à la tête du troupeau. Il tient la main gauche sur le joug imposé au buffle ; de la droite, il retient un cheval qui se cabre sous le cavalier cherchant à le dompter.

Chèvre tétée par un enfant.

Laboribus urgetur variis. Les hommes vaquent aux premiers travaux ; ils abattent les arbres, allument le feu, forgent le fer.

Génie du travail s'élançant dans l'espace, le marteau et la foudre à la main.

Et vestes et tecta parant. L'homme prépare les matériaux destinés à sa demeure ; la femme file ses vêtements.

Enfant auprès d'un nid d'oiseaux.

Placantur hostiâ Dii. L'homme offre à Dieu son premier sacrifice. Enfants occupés autour de la victime ; groupes priant.

Un autre enfant joue avec une guirlande, assis auprès des vases sacrés.

Ditans agricolam messis. Moissonneuses coupant le blé et chargées de gerbes.

Semailles, labour : première richesse de l'homme.

Un petit faucheur boit dans une gourde.

Dissipat Evius curas. Jeune faune tenant des grappes de raisin qu'il élève en riant au-dessus de sa tête ; à ses bras sont suspendus un enfant et une bac-chante.

Enfant bachique emporté sur une panthère.

Concordant carmina plectro. Première union du chant et de la poésie ; groupes d'amants et d'époux.

Un enfant, porté sur un cygne, chante en s'accompagnant de la lyre.

Menses et sidera signat. L'homme observe le cours des astres. Un vieillard en explique la marche aux bergers, qui furent les premiers astronomes. Hes-perus, l'astre du soir, tient une torche et verse la rosée.

Petit berger endormi.

Committit pelago rates. Navigation et Commerce. On hisse les voiles; on charge les marchandises; le nautonnier interroge du regard l'état du ciel.

Un enfant, porté sur un dauphin, tient un trident et un caducée.

Industria objice acrior. L'Industrie qui s'irrite par l'obstacle. Entourée de machines, elle examine des plans et tient sous ses genoux une figure symbolique de la Vapeur maîtrisée. Des deux côtés, les Métiers divers lui offrent leurs instruments de travail et les matières premières.

Enfant emporté sur une chimère lançant feu et flammes.

Flet scena ridetque bifrons. Tragédie et Comédie. Génie penché sur le masque tragique. La Tragédie tient une hache sanglante à la main; la Comédie, armée de verges, observe l'image de la Vie réflétée dans un miroir que lui présente un jeune satyre.

Génies grotesques jouant avec les masques tragique et comique.

Mente homo numen adit. Étude, Inspiration. Hommes absorbés dans la réflexion et l'étude ; jeune femme arrachée à la méditation par un génie qui dirige ses regards vers le ciel.

Faune enfant nourrissant un nouveau-né.

Confirmat doctrina fidem. Théologie, science divine qui confirme la Foi. La main droite sur l'Évangile, la gauche levée vers la croix et le calice que portent deux anges, elle pose le pied sur l'Erreur aux yeux bandés. Dans le fond, docteurs de l'église.

Un enfant sort d'un amas de livres, tenant un flambeau à la main.

Rerum inquirit causas. La Philosophie, savoir humain. Vieillie dans les recherches, elle reste encore penchée sur des manuscrits. Un enfant verse, d'une main, l'huile dans la lampe, et de l'autre indique le silence. Un autre tient fermé, d'un air ironique, le livre de la Vérité.

Enfant cherchant à pénétrer dans un amas de livres et de parchemins.

Scelerum ultrix Dea. La Justice, le pied sur le Crime terrassé, arrache à l'Hypocrisie son masque; elle protège la Faiblesse et l'Innocence. Le glaive est apporté par l'ange vengeur.

Un enfant saisit et écrase un reptile qui paraît à travers un masque souriant.

Res bene gesta ditio. Les Finances. Un homme note d'une main ce qu'on verse dans sa caisse, et de l'autre il empêche qu'on y puise. Ordre, Économie.

Enfant assis entre deux sacs d'écus.

Metitur in orbe omnia. Les Mathématiques. Une femme réfléchit, le compas à la main. Deux enfants sont absorbés dans l'étude; un troisième pointe un télescope.

Petit géomètre cherchant la solution d'un problème.

Sic bella ingruunt cruenta. La Guerre. Un groupe de démons exterminateurs, le glaive et la torche en main, traversent l'air au-dessus d'une femme éplorée et accroupie à côté d'un homme mourant. Elle tient sur ses genoux son enfant percé d'une flèche.

Petits lutteurs. Dans les temps de guerre les enfants se battent entre eux.

Clio gesta canens. L'Épopée et l'Histoire. La première, appuyée sur sa lyre, jette des couronnes au son des fanfares. L'Histoire grave sur l'airain les fastes que lui dicte un génie.

Un enfant écrit en cherchant à lire dans le lointain.

Sanantur medicinâ morbi. L'Art de guérir. Le médecin tient la main d'un malade, une sœur lui soutient la tête; un élève prend note des prescriptions. Enfants étudiant l'anatomie et la botanique.

Le petit médecin. Il panse la patte de son chien.

Virtus Deo proxima Caritas. La Charité, vertu la plus aimée de Dieu. Prêtre recueillant un nouveau-né abandonné. Sœurs de charité se livrant aux soins de l'éducation et de l'enseignement.

Des enfants portent, sur une tablette de marbre ornée d'une guirlande, cette inscription en l'honneur de l'illustre bienfaiteur des enfants trouvés : *A saint Vincent de Paul.*

Permovit, delectat, docet. L'Éloquence, qui émeut, charme et enseigne.

Petit rhéteur se débattant dans des liens inextricables.

Tres unâ vigent artes. L'Architecture, assise, l'équerre à la main, avec ses deux sœurs, la Sculpture, appuyée sur ses genoux, et la Peinture, qui la tient embrassée.

Trois jeunes frères puisant à la source du beau.

Ad tibiæ cantus chorea. Danse et Musique. Groupe de danseurs; enfants jouant de divers instruments.

Petit danseur grotesque.

Diffundit fruges copia. L'Abondance, chargée de fleurs et de fruits, tient d'une main sa corne symbolique et étend l'autre, en signe de protection, sur les biens de la terre.

Enfant chargé de fleurs et de fruits.

Ostendit ad astra viam. La Gloire. Elle s'élance vers les astres, tenant en main la palme et la couronne.

Génie de la renommée.

Cette série de peintures a été photographiée sous les yeux de M. Henri Lehmann et publiée par ses soins. La ville de Paris a souscrit à plusieurs exemplaires de cette magnifique collection, pour les offrir aux principales villes de l'Empire.

Au milieu de la grande galerie des Fêtes, trois portes à arcades conduisent à la *Salle des Cariatides*, remarquable par une grande originalité de construction. Ses voûtes, en pendentifs, portent une tribune carrée, décorée de cariatides qui soutiennent un plafond peint en perspective, à la manière italienne, par M. Gosse. Cybèle, traversant les nues sur un char traîné par des lions, reçoit de nymphes qui voltigent autour d'elle, les prémices de leurs fleurs et de leurs fruits. L'Amour, âme de la nature, conduit le char, que précèdent la Paix, l'Abondance et la Fertilité.

Sept figures peintes à fresque, par M. Benouville, ornent les tympans demi-circulaires qui surmontent les portes de la salle. Vis-à-vis de la galerie, Uranie, entre l'Agriculture et l'Abondance; des deux autres côtés, les quatre Saisons.

M. Cabanel, chargé de décorer les douze pendentifs, y a représenté les douze Mois de l'année : — Janvier, caractérisé par un pèlerin qui demande l'hospitalité ; — Février, par une mascarade d'enfants ; — Mars, par une scène d'inondation ; — Avril, par le printemps et le réveil de la nature ; — Mai, par les amours ; — Juin, par des faucheurs ; — Juillet, par des moissonneurs ; — Août, par la récolte des fruits ; — Septembre, par la vendange ; — Octobre, par la chute des feuilles ; — Novembre, par la chasse ; — Décembre, par la veillée et l'étude.

Nous rentrons dans la galerie des Fêtes pour continuer la visite des appartements.

Un deuxième *Salon des Arts*, pareil à celui que nous avons déjà vu, lui fait pendant à l'autre extrémité de la grande galerie. Il est décoré, comme le premier, par M. Landelle, qui a peint dans celui-ci la Peinture, la Poésie et la Musique. Le deuxième salon des Arts est suivi du *Salon de la Paix*, qui sert de pendant au salon de l'Empereur, et dont les peintures ont été exécutées sur place par

M. Eugène Delacroix. Les deux salons, dont l'architecture offre d'ailleurs une certaine analogie, montrent ainsi deux chefs-d'œuvre des maîtres de nos écoles de peinture les plus opposées.

Au plafond, la Terre éplorée lève les yeux au ciel pour en obtenir la fin de ses malheurs. Elle est entourée de ruines : près d'elle, un guerrier éteint sous son pied une torche. Des amis, des parents se retrouvent et s'embrassent; on relève en pleurant de tristes victimes. La Paix, portée sur des nuages, voit revenir l'Abondance et le cortége des Muses. Cérès repousse Mars et ses Furies. La Discorde s'enfuit en rugissant et se replonge dans les abîmes, pendant que Jupiter, du haut de son trône de nuées, se tourne encore menaçant vers les divinités malfaisantes ennemies du repos des hommes.

D'autres allégories, portant avec elles des idées de paix, remplissent les huit caissons qui entourent le plafond circu-

laire : Vénus, — Bacchus, — Mars en-
chaîné, —Minerve, — la Muse, — Mercure, — Neptune calmant les flots, —
Cérès.

Dans les médaillons, au-dessus des
portes : les travaux d'Hercule couronnés
par le Repos, aux bornes de l'univers.
— Hercule, exposé après sa naissance,
est recueilli par Junon et par Minerve.—
Junon se dispose à donner le sein à l'enfant que Minerve lui présente.— Hercule
rapporte sur ses épaules, et vivant, le
sanglier d'Erymanthe qu'il a pris à la
course. — Hercule, jeune encore, hésite
entre le Vice et la Vertu. — Il écorche
de ses mains le lion de Némée pour se
revêtir de sa peau.—Il délivre Hésione,
fille de Laomédon, exposée pour être
dévorée par un monstre marin. — Il
étouffe Antée; la Terre, mère de ce Ti-
tan, veut en vain le secourir. —Il s'em-
pare du baudrier d'Hippolyte, reine des
Amazones. — Il enchaîne Nérée, dieu

de la mer, pour le forcer à lui dévoiler l'avenir. — Il tue le Centaure. — Il ramène Alceste des Enfers et la rend à Admète, son époux. — Hercule, après avoir élevé ses fameuses colonnes aux limites du monde, se repose de ses travaux. Le Soleil, au terme de sa course, se plonge dans la mer.

Le deuxième *Salon des Prévôts* sert de pendant au salon du même nom que nous avons déjà visité. Une autre suite de bustes représente les portraits des Prévôts des marchands depuis Évreux, qui fut le premier connu, en 1263, sous le règne de saint Louis, jusqu'à G. Bude, qui l'était en 1523.

M. Ch. Muller a peint au plafond l'affranchissement des communes par le roi de France Louis-le-Gros, en 1110.

Le monarque, assis au sommet de la composition, a brisé de sa main les chaînes des Communes asservies. Il distribue les chartes qui consacrent l'affranchissement. Placées derrière le Roi, l'Autorité et l'Équité président à ce premier acte de décentralisation. A gauche du spectateur, les Communes en servage, les bras liés ou enchaînés, s'avancent vers le souverain, implorant leur délivrance. A droite et au centre, les Communes dont les fers sont déjà brisés viennent recevoir leurs chartes ; deux petits génies portent les fragments d'un joug brisé.

D'autres génies occupent le bas du tableau. L'un resserre les liens du faisceau monarchique ; l'autre porte les lis et l'oriflamme, bannière sacrée que Louis-le-Gros emprunta le premier à la basilique de Saint-Denis pour aller combattre l'empereur d'Allemagne Henri V.

Les deux salons des Prévôts servent d'antichambre les jours de grandes réceptions. Ils se trouvent au haut des deux branches de l'escalier d'honneur, dont nous avons déjà parlé, et c'est par cet escalier que le visiteur redescend dans la cour du centre.

Les autres cours, d'une architecture élégante, n'ont rien qui mérite d'être particulièrement remarqué. Elles donnent jour aux bureaux de la Préfecture de la Seine et à une partie des appartements.

BIBLIOTHÈQUE.

La *Bibliothèque* de l'Hôtel de Ville n'est pas d'un très-facile accès, elle est logée à l'étage le plus élevé du bâtiment. Il est à désirer que l'Administration puisse un jour mettre les richesses historiques que cette collection renferme un peu mieux à la portée des visiteurs.

Fondée par M. Moriau, procureur du roi, qui la légua à la ville de Paris, en 1759, la bibliothèque de l'Hôtel de Ville eut pour origine la bibliothèque particulière de ce savant et généreux magistrat. Elle se composait alors de quatorze mille volumes imprimés et de deux mille manuscrits, dont les plus importants formaient le recueil de Godefroy, consistant en cinq cents cartons de pièces originales et de lettres autographes de papes, de rois, de princes, de ministres et de généraux, depuis le règne de Philippe-le-Bel jusqu'à celui de Louis XIV; sans compter près de cent grands cartons remplis d'estampes, de cartes géographiques et de plans de villes; plus de cinq cents portefeuilles contenant des pièces fugitives imprimées, sur toutes sortes de matières, et près de vingt mille pièces en parchemin, médailles ou jetons. Ce précieux legs fut déposé d'abord dans l'hôtel Lamoignon qui existe encore, rue Pavée, au Marais, au coin de la rue des Francs-Bourgeois. M. Bonamy fut chargé d'en opérer le classement; il devint ainsi le premier bibliothécaire de la ville de

Paris et augmenta lui-même le dépôt qui lui avait été confié, de deux mille volumes composant sa propre bibliothèque. Le nouvel établissement fut ouvert au public le 13 avril 1763.

M. Ameilhon succéda à M. Bonamy. En 1773, la bibliothèque fut transportée dans l'ancien collége des Jésuites, rue Saint-Antoine, aujourd'hui lycée Charlemagne.

M. Bouquet, avocat au parlement, vint après lui et fut bibliothécaire jusqu'en 1793. A partir de cette époque, les livres et les manuscrits restés sans conservateurs disparurent peu à peu ou furent donnés à la bibliothèque de l'Institut, et lorsque la ville de Paris voulut, en l'an XIII, reformer sa bibliothèque, on eut beaucoup de peine à retrouver épars, dans divers dépôts littéraires, une faible partie de ses livres et de ses manuscrits. L'Hôtel de Ville n'avait pas encore alors une place à donner à la bibliothèque ; elle fut logée dans l'Hôtel des Vivres, rue Saint-Antoine, où elle resta jusqu'en 1817. M. de Chabrol, Préfet de la Seine, la fit alors établir à l'Hôtel de Ville, ou du moins dans une de ses dépendances qui avait son entrée sur la rue du Tourniquet-Saint-Jean. Transportée de nouveau, pendant la reconstruction de l'Hôtel de Ville, dans une maison située près du pont d'Austerlitz, elle a été enfin installée à l'étage supérieur de l'Hôtel de Ville. Mais nous espérons que ses pérégrinations ne sont pas encore terminées et qu'une nouvelle combinaison permettra à M. le Préfet de la Seine de loger plus convenablement la bibliothèque, en rendant son local actuel aux bureaux de la préfecture de la Seine, qui se trouvent déjà à l'étroit.

Nicoleau, en l'an XIII, Rolle en 1810, furent successivement bibliothécaires de la ville de Paris. Le fils de ce dernier,

M. Hippolyte Rolle, un de nos plus spirituels publicistes, en est le titulaire depuis 1830.

La bibliothèque compte plus de soixante mille volumes. Elle possède une collection aussi complète que possible d'histoires des villes de France et particulièrement d'ouvrages sur l'histoire de Paris, dans ses diverses spécialités; une collection assez étendue de livres de droit; de nombreux ouvrages sur l'administration, les sciences et la technologie. Enfin, l'on y réunit depuis plusieurs années une collection d'ouvrages publiés en Amérique et donnés à la ville de Paris par le Congrès américain et les États de l'Union.

La bibliothèque de l'Hôtel de Ville est ouverte tous les jours, de 10 heures à 4, le dimanche excepté.